Para Vicente, mi padre

Destino Infantil & Juvenil
info@infantilyjuvenil@planeta.es
www.planetadelibrosinfantilyjuvenil.com
www.planetadelibros.com
Editado por Editorial Planeta, S. A.

© del texto y las ilustraciones: Marta Chaves Vega, 2014
© Editorial Planeta, S. A., 2014
Avda. Diagonal, 662-664, 08034 Barcelona
Primera edición: enero de 2014
ISBN: 978-84-08-12384-2 (edición cartoné)
ISBN: 978-84-08-12387-3 (edición rústica)
Depósito legal: B. 25.909-2013 (edición cartoné)
Depósito legal: B. 25.910-2013 (edición rústica)
Impreso por Egedsa
Impreso en España – Printed in Spain

No se permite la reproducción total o parcial de este libro sin el permiso previo
y por escrito de los titulares del copyright.
Todos los derechos reservados.

El XXXIII Premio Destino Infantil – Apel·les Mestres fue otorgado por el siguiente jurado:
Carmen Bieger, Jesús Gabán, Care Santos, Fernando Valverde y Marta Vilagut.

CHOCOLATE

Ilustraciones y texto de Marta Chaves

DESTINO

Este viaje comienza en una bonita ciudad de calles adoquinadas.

A menudo, por estas calles corre veloz Dorotea hacia La Trufa Golosa... la mejor chocolatería del lugar.

Incluso al aire libre, Dorotea es capaz de percibir deliciosos aromas a vainilla, canela, compota de frutas y... ¡chocolate!

En La Trufa Golosa la recibe la Señora Menta, que elabora los bombones, las tartas y las galletas. La Señora Menta invita a Dorotea a escoger algún dulce para la merienda.

A Dorotea le encanta el chocolate, ¡y está por todas partes!
Hay mucho donde elegir y se pregunta cómo lo fabricará
la Señora Menta. Quizá tenga su propio laboratorio
donde mezclar los ingredientes.

Quizá el chocolate es arte de magia y sólo se obtiene con extraordinarios hechizos y pócimas.
La curiosidad de Dorotea es cada vez mayor:
—Señora Menta, ¿cómo se fabrica el chocolate?

Su origen está en remotas selvas muy lejanas.

Según la leyenda, una gran serpiente emplumada guio a los habitantes de un antiguo país hasta un árbol muy especial.

Del fruto de ese árbol obtuvieron un rico manjar que comenzaron a tomar en ocasiones señaladas.

Más tarde, esta delicia se conocía en todo el mundo,
se podía encontrar en los cinco continentes
y viajaba por los siete mares.

Tanto viajó que se convirtió en un gran éxito...
y en la merienda preferida de las gentes más distinguidas.

El chocolate no es arte de magia, es fruto del cacao.
Ahora Dorotea saborea tierras lejanas y selvas frondosas,
ahora ha descubierto la historia del cacao.